Lutz Gebhardt & Eva Sherpa

Das kleine Usedombuch

Rhino Westentaschen-Bibliothek
Band 20

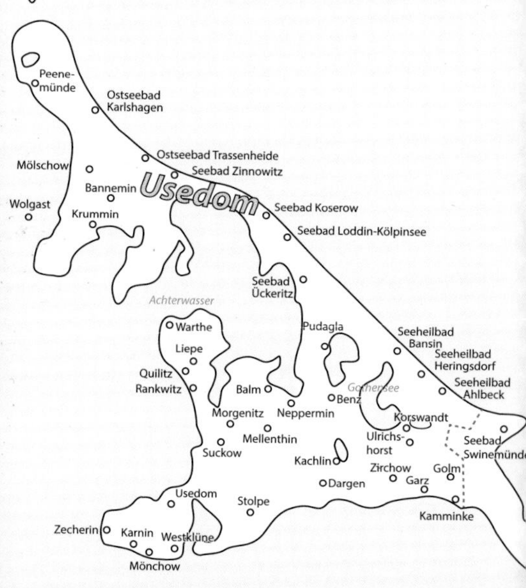
OSTSEE
Peene-
münde
Ostseebad
Karlshagen
Ostseebad Trassenheide
Seebad Zinnowitz
Mölschow
Bannemin
Usedom
Wolgast
Krummin
Seebad Koserow
Seebad Loddin-Kölpinsee
Seebad
Ückeritz
Achterwasser
Warthe
Liepe
Quilitz
Rankwitz
Pudagla
Seeheilbad
Bansin
Seeheilbad
Heringsdorf
Seeheilbad
Ahlbeck
Gothensee
Benz
Balm
Morgenitz
Neppermin
Mellenthin
Suckow
Korswandt
Ulrichs-
horst
Seebad
Swinemünde
Kachlin
Zirchow
Golm
Garz
Dargen
Usedom
Stolpe
Kamminke
Zecherin
Karnin
Westklüne
Mönchow

Lutz Gebhardt & Eva Sherpa

Das kleine Usedombuch

Trotz gewissenhafter Bearbeitung kann eine Haftung für den Inhalt nicht übernommen werden. Für aktuelle Ergänzungen und Anregungen ist der Verlag jederzeit dankbar. Wir bedanken uns bei allen, die uns unterstützt haben.

Fotos: Seiten 8, 9, 10, 16, 22, 24–26, 28, 32, 33, 35, 38, 39, 42, 51, 54, 58, 69, 72, 76, 84–86, 90: Dr. Lutz Gebhardt; Seite 12: Gabriele Delhey (CC-BY-SA 3.0); Seiten 14, 15, 19, 36, 49, 55, 60, 79: Volker Knuth; Seiten 62, 64, 67: Dennis Gebhardt; Seite 21: Erell (CC-BY 3.0); Seiten 30, 41, 45, 74: Erwin Rosenthal; Seite 47: Saxo; Seite 82: Hagen Graebner (CC-BY-SA 3.0); Seite 88: backkratze (CC-BY 2.0); Seite 89: AlexanderAdrion; Seite 92: H. Ciszewsca-Czyż (CC-BY-SA 3.0)
Rückseite: Alex Shandrin, fotolia.com

Impressum

© 2014 RhinoVerlag Dr. Lutz Gebhardt & Söhne GmbH & Co. KG
Am Hang 27, 98693 Ilmenau
Tel.: 03677/46628-0, Fax: 03677/46628-80
www.RhinoVerlag.de

Titelbild: Historische Seebrücke im Seeheilbad Ahlbeck; kosilicht, fotolia.com
Layout, Satz: Verlag *grünes herz*®
Schrift: HumstSlab712 BT
Titelgestaltung: Jana Rogge, Weimar

2. Auflage 2019
ISBN: 978-3-95560-020-4

Register aller Schlagwörter

Die **Insel Usedom** hat eine Fläche von 445 km², von denen 72 km² seit dem Kriegsende polnisch sind und seit 1945 zur Republik Polen gehören. Die Insel ist vom Peenestrom, der Swine, vom Stettiner Haff und der Ostsee umgeben. Der deutsche Teil der Insel gehört zum Landkreis Vorpommern-Greifswald in Mecklenburg-Vorpommern. Die Insel gilt als die sonnenreichste Region Deutschlands und blickt auf eine bewegte Geschichte zurück, von der mehr oder weniger alle Orte betroffen sind. Usedom wurde bereits in der Steinzeit besiedelt. Dann folgte eine wendisch-slawische Besiedelung, die ihre Spuren in den meisten Ortsnamen hinterlassen hat. Im 10. Jahrhundert stand bei dem Ort Usedom eine slawische Burgsiedlung, die um 1115/1119 von den Dänen zerstört wurde. Der Name der Kleinstadt Usedom geht später auf die ganze Insel über. Die Insel wird dann durch Wartislaw I., den ersten Herzog von Pommern erobert. Um 1159 wird die Burg wieder aufgebaut und der planmäßige Ort Usedom mit Markt angelegt. Usedom war nun bis zur Mitte des 13. Jahrhunderts eine der Lieblingsresidenzen der Herzöge von Pommern. Dieser Status ging später an Wolgast und Stettin verloren. In der ersten Hälfte des 13. Jahrhunderts begann die Einwanderung deutscher Siedler unter ständigen Auseinandersetzungen mit den Dänen und den slawischen Einwohnern. Als Ergebnis des Dreißigjährigen Kriegs und des Westfälischen Friedens fiel Vorpommern mit den Inseln Usedom und Wollin 1648 an Schweden. Der Große Nordische Krieg änderte die Besitzverhältnisse wieder. Usedom kam nach dem Frieden von Stockholm vom 1. Februar 1720 zusammen mit anderen vorpommerschen Gebieten endgültig an Preußen. Erst durch den 2. Weltkrieg kam es wieder zu neuen Hoheitsverhältnissen, dieses Mal war damit auch eine Veränderung der Bevölkerung verbunden.

Das ACHTERWASSER (Hinterwasser) ist eine Ausdehnung des Peenestroms, eine Art Boddengewässer. Es ragt weit in die Insel Usedom hinein. An der schmalsten Stelle bei Lütten-Ort trennt nur noch eine 300 m schmale Nehrung das Achterwasser von der offenen See. In vergangenen Jahrhunderten bestand bei Sturmhochwassern zeitweise direkter Kontakt zur offenen Ostsee, wenn die schmalste Stelle überspült wurde. Das Achterwasser ist nicht sehr tief und ein beliebtes Wassersportrevier.

Abendstimmung am Achterwasser

Das Seeheilbad **Ahlbeck** (ⓘ 038378/499350) empfängt bereits seit 1852 Badegäste. Auf Grund seiner Nähe und verkehrstechnischen Anbindung über die ehemalige Bahnlinie Berlin–Swinemünde zur deutschen Hauptstadt, erhielt Ahlbeck gemeinsam mit den benachbarten Seeheilbädern Heringsdorf und Bansin den von Kurt Tucholsky geprägten Beinamen „Badewanne Berlins". Der heute nahe der polnischen Grenze gelegene Badeort verfügt vor allem in der Dünenstraße über viele Gebäude der Bäderarchitektur, die in den letzten Jahren wieder in neuem Glanz erstrahlten. Die 280 m lange Seebrücke mit ihrer Bebauung von 1898 gilt als das Wahrzeichen Ahl-

Die historische Uhr an der Seebrücke ist ein Wahrzeichen Ahlbecks

becks. Sie ist die älteste noch erhaltene Seebrücke Deutschlands. Nur der Landesteg wurde in den 1990er Jahren neu errichtet. Vor der Seebrücke steht seit 1911 die säulenartige Uhr im Jugendstil. Ein Kurgast hat sie dem Ort gestiftet. Ahlbeck besitzt neben der Kirche mit dem „Jugendferienpark Ahlbeck" ein weiteres interessantes Bauwerk. Das frühere Kaiser-Wilhelm-Kinderheim wurde zwischen 1912 und 1913 als Holz-Ensemble am östlichen Waldrand erbaut und steht heute unter Denkmalschutz.

Fischerboot und Seebrücke am Ahlbecker Strand

Im Jahr 1996 eröffnete die Ostseetherme. Sie bietet auf einer Fläche von 5.000 m^2 vielfältigen Badespaß sowie Kurbehandlungen. Die 10 km lange Strandpromenade, welche über Heringsdorf bis nach Bansin führt, wird von Blumenanlagen und Baumgruppen gesäumt. Seit 2008 sind alle öffentlichen, grenzüberschreitenden Straßen und Wege nach Polen von Jedermann ohne Kontrolle frei passierbar, was die Promenade bis nach Swinemünde auf 11 km verlängert.

B

Der nur aus wenigen Häusern bestehende Ort BALM gehört mit zu den ältesten Siedlungsgebieten der Insel Usedom. Funde von bronzezeitlichen Grabbeilagen bezeugen die frühe Besiedlung in dieser Region. Für Freunde des Golfsports entstand im Jahre 1997 eine moderne 27-Loch-Golfanlage mit zugehörigem Hotel, Ferienappartements und weiteren Freizeitangeboten. Nach dem schweren Brand vom Februar 2012 wurde das Hotel wieder vollständig

Das idyllisch gelegene Golfhotel in Balm

aufgebaut. An der Uferzone zum Balmer See befinden sich idyllisch gelegene ruhige Badeplätze.

Bannemin ist der erste Ort, den alle über Wolgast anreisenden Besucher auf der Insel Usedom erreichen. Die sich hinter dem Ort ausdehnende breite Niederung war einst ein Wasserarm zwischen der Krumminer Wiek und dem Peenestrom, der später verlandete.

Das Seeheilbad Bansin (ⓘ 038378/47050) wird gemeinsam mit den benachbarten Seeheilbädern Heringsdorf und Ahlbeck als die „Kaiserbäder“ bezeichnet. Bansin ist das jüngste von ihnen und ist 1897 abseits des Dorfes Bansin als Seebad gegründet worden. Bei seiner Entwicklung als aufstrebender Badeort profitierte Bansin seit seiner Gründung von seinen besonderen landschaftlichen Gegebenheiten, wie dem breiten, weißen Sandstrand, den reizvollen Binnenseen und den nahen ausgedehnten Wäldern. Im Ortsbild sind noch viele typische alte Pensionshäuser vorhanden. Auf der 285 m langen Seebrücke kann man ein Stück auf das weite Meer hinaus spazieren. Ein touristischer Anziehungspunkt der besonderen Art ist das Bansiner Tropenhaus. In der Anlage sind zahlreiche Exoten aus Flora und Fauna zu bestaunen. Ein interessanter Naturlehrpfad führt vom Mümmelkensee, einem Hochmoor, zum Kamm des Langen Berges, der ein beliebter Aussichtsberg ist. Bansin war bzw. ist Wirkungsstätte der Schriftsteller Egon und Hans Werner Richter sowie der bedeutenden Maler Rolf Werner und Erich Jaeckel.

Von der Bansiner Seebrücke hat man

Im Dörfchen **Benz** ist die hübsche frühgotische St.-Petri-Kirche erwähnenswert, die Lyonel Feininger häufig zeichnete. Im Inneren beeindruckt sie vor allem

einen schönen Blick auf die Strandvillen

mit einem hölzernen Tonnengewölbe, das bei der Renovierung 1836 eingebaut und mit 135 Sternbildern bemalt wurde. Die bedeutendste Grabstätte auf dem benachbarten Friedhof ist die des Malers Otto Niemeyer-Holstein, der viele Jahre auf Usedom lebte und arbeitet. Vom nah gelegenen 58 m hohen Kückelsberg hat man eine phantastische Aussicht auf Gothensee und Schmollensee. Die in der luftigen Höhe des Mühlenberges errichtete Holländerwindmühle, die 1973 bis 1984 dem Maler Otto Niemeyer-Holstein gehörte, war um 1910 auch ein beliebtes Zeichenmotiv Feiningers. Die Mühle mit umfangreicher, originaler Ausstattung wurde als eine der letzten auf Usedom zum Technischen Denkmal erklärt, das man heutzutage besichtigen kann. Vor allem zum Mühlenfest an den Pfingstfeiertagen ist hier allerhand los. Ein Kleinod von Benz, das kunstinteressierte Besucher von Nah und Fern anzieht, ist das Kunst-Kabinett Usedom. Hannelore

---

Die Holländerwindmühle in Benz gehörte dem Maler Otto Niemeyer-Holstein

Stamm und Hannes Albers zeigen hier eine kleine aber feine Sammlung, zu der sogar Originale von Feininger gehören.

C Die in den Balmer See hineinragende Halbinsel **Cosim**, bietet einen günstigen Lebensraum für eine Vielzahl von Tieren, insbesondere für die auf Wiesen brütenden Vogelarten Kibitz, Rotschenkel und Bekassine. Eine 108 Hektar große Fläche, bestehend aus Salzwiesen, Röhrichtstreifen und Erlenbrüchen, wurde daher 1990 als *Naturschutzgebiet* anerkannt.

D Der kleine Hafen von **Dargen** wurde im 2. Weltkrieg als Anlandeplatz für ein Munitionslager in der Mellenthiner Heide genutzt. Heute sind es vor allem die Sammlung von Trogmühlen an der alten Schmiede und das Zweiradmuseum, welches eine Ausstellung von Zweirädern und Motorentechnik der DDR beherbergt, die Besucher anlocken.

Der **Flughafen Heringsdorf** (ⓘ 038378/477111) liegt auf dem Gebiet der Orte Zirchow und Garz. Er wurde 1919 als „Landflugplatz Swinemünde" eröffnet. 1935 übernahm die Luftwaffe der Wehrmacht das Gelän-

Flughafen Heringsdorf – die Verbindung in die weite Welt

de und baute es in den folgenden Jahren zum Fliegerhorst Garz aus. In den letzten Kriegsjahren wurden die Rollbahnen verlängert, damit auch große Langstreckenbomber hier starten und landen konnten. Nach dem Krieg zogen hier erst die Sowjetischen Truppen und ab 1960 die Nationale Volksarmee der DDR ein. Die zivile Nutzung begann 1962 auf einem Teil des Flugplatzes durch die Fluggesellschaft Interflug mit Flugverbindungen nach Berlin, Dresden, Erfurt und Leipzig. Seit dem ist sein Name „Flughafen Heringsdorf". 1979 wurde der reguläre Inlandsflugbetrieb in Heringsdorf wieder eingestellt. Mit der Wende endete die militärische Nutzung. Ab 1993 erfolgte die Sanierung und Rekonstruierung, sodass 1996 der Flugbetrieb wieder aufgenommen werden konnte. Heute gehören innerdeutsche Linienflüge, Charterflüge zu ausländischen Zielen, sowie Rundflüge zum Flugplan. Die Zahl der Fluggäste lag 2018 bei 31.038.

G

Bodenfunde belegen, dass die Gegend um **GARZ** bereits in der Bronzezeit besiedelt war. Eine Nennung des Pfar-

Die turmlose Kirche in Garz

rers Parochianus Petrus aus Gardist im Jahre 1231 gilt als die älteste Erwähnung des Ortes. Sehenswert ist die turmlose, ziegelgedeckte Feldsteinkirche, die wohl aus dem 13. Jh. stammt. Zu ihrer Innenausstattung gehören zwei rund 200-jährige Votivschiffe.

Der nördlich Kamminkes gelegene **Golm** ist der Rest eines bronzezeitlichen Burgwalls und mit seinen 71 m der höchste Punkt der Insel Usedom. Amerikanische Bomber bombardierten am 12. März 1945 die benachbarte Stadt Swinemünde, wobei an die 23.000 Menschen starben. Sie wurden zum großen Teil auf dem Golm beerdigt, wo bereits 1943 ein

Gedenk- und Kriegsgräberstätte Golm

Soldatenfriedhof eingerichtet wurde. Seit 1975 erinnert eine große Kriegsgräbergedenkstätte an das Bombardement Swinemündes. Die Gedenkstätte ist eine der größten dieser Art in Deutschland.

Der **Gothensee** ist mit 600 ha der größte Binnensee der Insel Usedom. Seit 1818 ist der See durch den Sackkanal mit dem Meer verbunden, der zur Regulierung des Wasserstandes im Gothensee und im Thurbruch dient. Heute ist der See mit Teilen des Thurbruchs unter Schutz gestellt. Hier ist nicht nur der Lebensraum des Fischotters, sondern auch von Schwänen, Wildgänsen, Graureihern, Störchen und weiteren Vogelarten.

Die **Halbinsel Gnitz** war bis ins 13. Jahrhundert eine selbständige Insel. Lohnenswerte Wanderziele auf dem Gnitz sind das an der Südspitze der Halbinsel gelegene Naturschutzgebiet „Südspitze Gnitz" und der 32 Meter hohe Weiße Berg als Aussichtspunkt. In Lütow

Erdölförderung auf der Halbinsel Gnitz

begegnet man einem Großsteingrab aus der Zeit um 2000 v. Chr., in dessen Nähe es einen großen Campingplatz gibt. Neben der turmlosen Kirche in Netzelkow gibt es einen frei stehenden Glockenstuhl, der bereits im Mittelalter errichtet wurde. Auf die seit 1965 erfolgende Erdölgewinnung deuten die auf den Wiesen um Neuendorf vereinzelt stehenden Erdölpumpen hin. Keine bedeutenden Mengen, aber immerhin wurden im Rekordjahr 1968 325.000 Tonnen Rohöl gefördert.

Die **Heeresversuchsanstalten in Peenemünde** waren von 1936 bis 1945 das größte militärische Forschungszentrum Europas. Im Norden der Insel Usedom arbeiteten bis zu 12.000 Menschen an neuartigen Waffen, wie dem weltweit ersten Marschflugkörper Fi103 und der ersten Großrakete A4. Diese wurden ab 1943 unter Einsatz von Zwangsarbeitern gefertigt und kamen als sogenannte „Ver-

---

Das seinerzeit hochmoderne Kohlestaubkraftwerk in Peenemünde

geltungswaffen“ gegen Städte in Westeuropa zum Einsatz im Zweiten Weltkrieg. Nach Kriegsende wurden fast alle Anlagen des Objektes entsprechend des Potsdamer Abkommens durch die Rote Armee gesprengt. Später nutzte die Nationale Volksarmee der DDR das Gelände. Erst nach der Wende im Jahre 1989/90 wurde Peenemünde wieder für jedermann zugänglich gemacht. Wegen seiner bewegten Geschichte entwickelte sich Peenemünde seither zu einem touristischen Magnet. Das ehemalige Kraftwerksgelände dient seit Mai

Die V2-Rakete war die erste Großrakete, die die Grenze zum Weltraum erreichte

1991 als Historisch-Technisches Museum (ⓘ 038371/5050). Der Besucher erhält mittels vielfältiger Exponate umfangreiche und anschauliche Informationen. Auf dem Freigelände befinden sich unter anderem Modelle der in die Geschichte des 2. Weltkrieges eingegangenen Flugbombe V-1 und Rakete V-2 sowie ein Triebwagen der Werksbahn. Im Haupthafen liegt ein Raketenschiff der Taratul-Klasse der ehemaligen NVA-Volksmarine. Das Kraftwerk, welches zu Beginn der 1940er Jahre erbaut wurde und heute das größte Technische Denkmal Mecklenburg-Vorpommerns darstellt, beherbergt seit 2000 die Ausstellung zur Deutschen Raketengeschichte und den weltweiten Raketenentwicklungen nach 1945.

Das Seeheilbad **Heringsdorf** (ⓘ 038378/2451) war einst ein unbedeutendes Fischerdorf, in dem der frisch gefangene Hering weiterverarbeitet wurde. Der Badebetrieb geht auf den Oberforstmeister und Rittergutsbesitzer Georg Bernhard von Bülow zurück, der 1824 neben dem Fischerdorf Badeanlagen errichten ließ. Einer geschichtlichen Überlieferung nach soll der Sohn des Königs Friedrich Wilhelm III. dem Ort diesen Namen gegeben haben, da er doch dem Hering seine Existenz verdanke. Mit einer kaiserlichen Urkunde vom 4.7.1879 entstand mit dem Zusammenschluss der Dörfer Heringsdorf und Neuenkrug das Seebad Heringsdorf. Schon in dieser Zeit war es

Die Villa „Oechsler" in Heringsdorf gilt als eines der schönsten Häuser an der Ostsee.

eines der elegantesten und mondänsten deutschen Seebäder. Vor allem die Gründung der „Aktiengesellschaft Seebad Heringsdorf“ durch das Geldbürgertum ließ in Heringsdorf eine pompöse Bäderarchitektur wachsen. Der einstige Glanz Heringsdorfs als bevorzugter Badeort der deutschen Aristokratie und Finanzwelt ist auch heute noch an den repräsentativen Villen und Hotels zu erkennen. Die Villa Irmgard, in welcher Maxim Gorki 1922 Quartier bezog, wurde 1948 zur Maxim-Gorki-Gedenkstätte hergerichtet. Heute ist sie Veranstaltungsort für Ausstellungen, Konzerte und Lesungen. Die Attraktion Heringsdorfs ist die 1995 eröffnete Seebrücke. Mit 508 m ist sie die längste Deutschlands und die zweitlängste Kontinentaleuropas. Sie wurde an Stelle des 1958 durch Brandstiftung vernichteten Vorgängerbaus errichtet. Auf ihr befindet sich ein ganzer Freizeitkomplex. Die für Kuranwendungen wertvolle Heringsdorfer Jodsole wird unmittelbar vor der

Die Seebrücke in Heringsdorf mit ihrer markanten Pyramide ist eine beliebte Flaniermeile.

Seebrücke aus einer Tiefe von 408 m geholt. Auch das Muschelmuseum erwartet seine Besucher. Kunstgenießern sind der während der Saison geöffnete Kunstpavillon und das Theaterzelt Chapeau Rouge der Landesbühne Anklam zu empfehlen. Ein etwas außergewöhnlicheres Ausflugsziel ist die Sternwarte „Manfred von Ardenne“ an der Promenade. Ein weiteres Angebot zur Freizeitgestaltung bietet die Kunsteisbahn.

I

Die **Insel Görmitz** ist der Halbinsel Gnitz vorgelagert. Die in Höhe von Netzelkow im Achterwasser gelegene Insel war seit 1960 bis 2016 durch einen Damm wegen der Erdölförderung mit der Halbinsel Gnitz verbunden. Wegen ungünstiger Strömungsverhältnisse wurde er wieder abgerissen Auf der sehr flachen Insel befinden sich ein Bauerngehöft und eine ehemalige Ferienanlage. Fast die ganze Insel steht unter Naturschutz und ist als Vogelrefugium bekannt. Bereits von Netzelkow aus kann man am Ufer von Görmitz die langstelzigen Fischreiher beobachten.

Kachlin und der **Kachliner See** liegen am Rande des „Thurbruchs“, einem kultivierten Niederungsmoor.

Das technische Denkmal Windschöpfwerk Kachlin

Die ersten Meliorationsarbeiten um 1750 wurden unter der Leitung des Landbaumeisters Knüppel, auf Veranlassung von Friedrich II. ausgeführt. Erst gut 200 Jahre später wurden sie abgeschlossen. Von den Windkraftschöpfanlagen, die einst das Bruch entwässerten, ist nur noch das Windschöpfwerk Kachlin als Technisches Denkmal erhalten. Bis 1968 diente es der Entwässerung des Thurbruchs.

Als **KAISERBÄDER** werden die drei Seeheilbäder Ahlbeck, Heringsdorf und Bansin bezeichnet. Diese Bezeichnung ist ein neuzeitlicher Begriff, der erst in den 1990er Jahren aus Marketinggründen von dem Ahlbecker Kommunalpolitiker Helmut Koschinsky verwendet wurde. Die Medien griffen den Begriff schnell auf und so verbreitete er sich rasch. Seine Begründung hat er schon. Hat doch der Kaiser Wilhelm II. in Heringsdorf jahrelang Ferien gemacht. In Ahlbeck ließ er Bauwerke errichten und die gesamte kaiserliche Familie war in den drei Orten regelmäßig zur Sommerfrische.
Als die drei Orte sich 2005 zu einer Gemeinde zusammenschlossen, war auch

Kaiser Wilhelm der I. in Heringsdorf

der Begriff „Kaiserbäder“ in der Diskussion, konnte sich aber nicht gegen Heringsdorf, dem mit Abstand größten Ortsteil durchsetzen.

Das Fischerdorf **Kamminke** wurde 1263 erstmalig in einer Urkunde erwähnt und zählt damit zu den ältesten Fischerdörfern auf der Insel Usedom. Danach ging es in Klosterbesitz über und wurde nach 1535 säkularisiert. Heute liegt Kamminke direkt an der polnischen Grenze. Reetgedeckte Häuser und die Steilküste bestimmen das Flair des Ortes. Von seinem Hafen aus gibt es mehrere Schiffsverbindungen über das Stettiner Haff.

Karlshagen (ⓘ 038371/20758) wurde 1829 als Fischerkolonie gegründet. Der Ortsname geht auf den Regierungsrat Carl Triest zurück, der sich für die Ortsgründung einsetzte. Obwohl sich Karlshagen bereits 1929 in die Reihe der Ostseebäder Usedoms einfügte, verlief die Ortsentwicklung anders als in den

Fischerboot im Hafen von Kamminke

KAM-2
KAM-2

Der Hafen von Karlshagen liegt am Peenestrom

östlichen Seebädern Usedoms. Karlshagen lag von 1939 bis 1945 im Sperrgebiet der Heeresversuchsanstalt Peenemünde (HVA), was die Entwicklung des Ortes entscheidend beeinflusste. Einerseits entstanden Wohnsiedlungen für die Führungskräfte, Wissenschaftler, Techniker und Arbeiter der HVA, andererseits wurde der breite und flache Strand nicht, wie in allen anderen Ostseebädern der Insel verändert. Gerade diese Ursprünglichkeit macht diesen Strand bei den Gästen heute so beliebt. Wie in vergangenen Zeiten wird in Karlshagen die Fischerei betrieben, auch wenn sie an Bedeutung verloren hat. Dennoch ist der Fischereihafen am Peenestrom heute der bedeutendste Usedoms. Es existieren hier noch einige erhaltene Fischerkaten aus vergangenen Zeiten oder man schaut den Fischern bei ihrer Arbeit zu. In den fangschwächeren Zeiten richten die Fischer ihre Arbeit auf die Touristen aus und bieten Schiffsrundfahrten an. Am Rande des Ortes erinnert eine Gedenkstätte an die Opfer des britischen Bombenangriffs im August 1943 auf Peenemünde, bei dem mehr als 730 Zwangsarbeiter des Haftlagers Peenemünde den Tod fanden. Bereits 1885 entstand in Karlshagen eine Seebrücke, die aber nicht erhalten blieb. Dafür gibt es in neuerer Zeit Pläne für einen Neubau. Mit über 500 Metern Länge soll sie die längste Europas werden. Mit drei Plattformen, einem Unterwassererlebniskomplex, mit Meeresaquarium und 360°-Panorama-Restaurant ist hier Einzigartiges geplant.

Der Ort KARNIN liegt auf der Südwestspitze der Insel Usedom unmittelbar am Peenestrom. Einst verband die zwischen Karnin und Kamp befindliche und mit ihren ca. 600 Metern Länge größte Eisenbahn-Hubbrücke Europas die Insel Usedom mit dem Festland. In den letzten Tagen des 2. Weltkrieges wurde die Brücke von der Wehrmacht gesprengt, um dadurch den weiteren Vormarsch

Reste der Hubbrücke Karnin

Der ehemalige Lotsenturm von Karnin

der Roten Armee zu stoppen. Weitere Teile und Gleise wurden im Rahmen der Reparationsleistungen von den Sowjets demontiert und abtransportiert. Nur die stählernen Überreste, insbesondere der 38 Meter hohe Hubteil der zwischen 1930 und 1932 erbauten Brücke, ragen aus dem Wasser des Peenestroms. Da die Brücke zu jener Zeit ein Meisterstück der Technik darstellte, wurde sie zum Technischen Denkmal erklärt. Der immer wieder ins Gespräch gebrachte

Wiederaufbau der Bahnlinie inklusive Hubbrücke wurde 2012 wegen Unwirtschaftlichkeit abgelehnt. Mecklenburg-Vorpommern hat die Strecke allerdings auf Grundlage eines neueren Gutachtens der Deutschen Bahn für den Bundesverkehrwegeplan 2015 angemeldet. Der 1938 erbaute Lotsenturm war Heimstatt von bis zu sechs Lotsen, die die Schiffe auf ihrem Weg vom Stettiner Haff zur Ostsee sicher unter der Karniner Eisenbahn-Hubbrücke hindurchbrachten. Mit der Sprengung der Brücke 1945 wurde der Turm für die Lotsen nicht mehr gebraucht und stillgelegt. Seit 2008 befindet sich in dem Turm das wohl ungewöhnlichste Hotel der Ostseeküste – für maximal zwei Gäste.

Das Dorf **Korswandt** wurde schon in einer Urkunde von 1243 genannt. In der Folgezeit gehörte es erst zum Kloster Stolpe und ab 1468 zum Kloster Pudagla, bis es mit der Reformation wieder in herzoglichen Besitz überging. Mit seiner

Korswandt liegt direkt am Wolgastsee

Lage nur wenige Kilometer südlich vom quirligen Seeheilbad Ahlbeck, findet man hier am idyllischen Wolgastsee eine ruhige beschauliche Atmosphäre. Alte knorrige Bäume säumen die Dorfstraße, an der man einige sehenswerte reetgedeckte Häuser sehen kann. Für Golfsportfreunde eröffnete im Herbst 2008 eine 18-Loch-Golfanlage ihre Pforten.

Das Ostseebad **Koserow** (ⓘ 038375/20415) liegt an einem meist nur 1.500 Meter schmalen Landstreifen zwischen dem

Achterwasser und der Ostsee. Am nordwestlich gelegenen Ortsteil Damerow trennt sogar eine nur 300 Meter breite Landenge das Achterwasser von der See. Im Jahre 1347 wurde der Ort erstmals urkundlich erwähnt. Die Feldsteinkirche im Zentrum des Ortes stammt aus dem 13. Jahrhundert und ist die älteste Kirche an der Usedomer Ostseeküste. Das Langschiff und der Turm wurden erst im 15. Jahrhundert angebaut. Die Kirche ist

Die Salzlagerhütten in Koserow

von einer gut erhaltenen Findlingsmauer und Kastanienbäumen umgeben. Am westlichen Rand von Koserow entstanden um 1820 die ersten der insgesamt 15 Salzlagerhütten, von denen noch sechs erhalten sind. In ihnen wurde das Salz zur Konservierung des frischen Fangs gelagert. In einer der nachgestalteten Hütten wurde ein kleines Heimatmuseum „Uns Fischers Arbeitshütt“ eingerichtet. Hier befindet sich das kleinste Trauzimmer der Insel. Noch heute betreiben die Fischer den Fischfang und die Räucherei. Direkt an der schmalsten Stelle befindet sich das Gedenkatelier des Malers Otto Niemeyer-Holstein. An die Sturmfluten von 1872 und 1874 erinnert ein Gedenkstein. Ein beliebtes Ausflugsziel ist der sich an der Steilküste Koserows erhebende Streckelsberg. Mit seiner Höhe von 58 Metern über dem Meeresspiegel ist er die größte Erhebung an der Usedomer Ostseeküste. Von hier bietet sich eine Sicht nach Rügen, zur Greifswalder Oie und sogar bis zur Insel Wollin auf polnischer Seite.

Gleichzeitig sieht man auf die beeindruckenden Küstenschutzmaßnahmen und auf die 261 Meter lange Seebrücke.

Nördlich von Stubbenfelde erstreckt sich der fischreiche, 28 Hektar große **Kölpinsee**. Sein Name bedeutet Schwanensee und kommt aus dem Slawischen (colpa=Schwan). Das Angeln am See ist nur mit gültiger Angelkarte erlaubt. Die nahe Lage des Sees zur Ostsee machte es erforderlich, an der der Ostsee zugewandten Uferseite einen Deich zum Schutz gegen Sturmfluten anzulegen, da der nur 200 m von der Ostsee entfernte See 0,1 m unter NHN liegt.

Nach **Krummin** führt eine prachtvolle 1,7 Kilometer lange Allee. Diese wird von 280 Linden gesäumt und steht unter Naturschutz. Als in den Jahren 1302/03 in Krummin eine Niederlassung des Wolliner Zisterzienser-Nonnenklosters gegründet wurde, erweiterte man das dörfliche Gotteshaus zur Klosterkirche. Der

Gotische Backsteinkirche von Krummin

gotische Backsteinbau aus dem 14. Jahrhundert besitzt einen Westturm, der jedoch erst 1857 ergänzt wurde. Heute ist das gut restaurierte Gebäude das einzige erhaltene klösterliche Bauwerk auf Usedom. In der Gaststätte und dem Hofladen „Zur Pferdetränke“ wird der Gast mit hausgemachten Suppen, Salaten, frischem Brot und Kuchen aus dem Steinofen und allerhand regionalen Produkten verwöhnt. Der westlich gelegene Ortsteil Neeberg ist ein klassisches Rundlingsdorf, hier stehen noch mehrere Gutskaten.

L In **Liepe** steht die vermutlich älteste Kirche Usedoms. Sie wurde im Jahre 1216 erstmals urkundlich erwähnt. Ihre heutige Gestaltung erhielt sie jedoch erst im 16. Jahrhundert. Der Innenraum der heute turmlosen Kirche wird durch hölzerne Ständer in drei Schiffe gegliedert. Der Kanzelaltar ist der einzige auf der Insel Usedom. An der Ostwand der Kirche befinden sich bemerkenswerte spätmittelalterliche Wandmalereien. Wie bei den meisten Kirchen auf Usedom, steht auch bei dieser der hölzerne

Glockenstuhl etwas abseits der Kirche. Darüber hinaus sind im Pfarrgarten einige zeitgenössische Skulpturen lokaler Künstler zu sehen.

Die Halbinsel **Lieper Winkel** ragt weit in das Achterwasser hinein. Im Jahre 1187 übertrug die pommersche Herzogin Anastasia die ganze Region dem Prämonstratenserkloster Grobe (beim Ort Usedom).

Der Lieper Winkel ist ruhig und abgeschieden

Mönche versuchten das von Wald und Sümpfen bedeckte Land zu erschließen. Erst zum Ende des 19. Jahrhunderts wurde das Gebiet über eine Straße erschlossen. So ist auf der Halbinsel bis heute eine gewisse Abgeschiedenheit erhalten gebliebenen. Nur einige Wanderwege und Radrouten durchziehen die flache Halbinsel und führen den Besucher zu den bestimmt ruhigsten Plätzen der gesamten Insel. Abseits von jeglichem Touristentrubel kann man solche beschaulichen Winkel entdecken wie das idyllische Dörfchen Rankwitz mit seinen kleinen Fischerhäusern oder das im Norden der Halbinsel gelegene Fischerdörfchen Warthe.

Das Seebad **Loddin** (ⓘ 038375/22780) besteht aus den Ortsteilen Loddin, Kölpinsee und Stubbenfelde. Das am Achterwasser gelegene Fischerdörfchen Loddin wurde erstmals in einer Urkunde vom 15.3.1270 erwähnt und ist heute noch durch viele reetgedeckte Häuser geprägt. Wird der Ort nach Süden hin durchquert, so gelangt der Besucher auf das Loddiner Höft, eine in das Achterwasser hinein ragende hüglige Landzunge. Diese besitzt eine imposante Steilküste mit einem Aussichtspunkt. Von hier bietet sich ein herrlicher Rundblick über das Achterwasser bis zum vorpommerschen Festland. Der Ostseestrand im Ortsteil Kölpinsee ist teils von flachen Dünen, teils von der Steilküste begrenzt. Gleich hinter den Dünen befindet sich der gleichnamige Kölpinsee. Er ist nicht nur ein Eldorado für Angler, sondern auch ein reichhaltiges Biotop für viele Wasservögel. Bis heute hat der Ort seinen gewissen Charme nicht verloren, der sich unter ande-

Strand im Ortsteil Kölpinsee mit dem Streckelsberg im Hintergrund

rem in dem kleinen liebevoll gestalteten Kurpark ausdrückt, oder auch in einer kleinen Heimatausstellung, die in dem 1911 fertiggestellten Bahnhofsgebäude im Sommer seine Besucher erwartet. In Stubbenfelde, dem kleinsten Ortsteil, befindet sich der Campingplatz des Ortes.

M **MELLENTHIN** liegt am Rande der stillen Landschaft der gleichnamige Heide. Urgeschichtliche Funde geben Hinweis auf eine frühzeitliche Besiedlung. Die erste urkundliche Erwähnung datiert auf den 15.3.1270. Die Dorfkirche sowie das Wasserschloss sind die herausragenden Bauwerke des Ortes. Das 1575 bis 1596 im Renaissancestil erbaute Schloss war einst ein stolzes Anwesen, was auch heute noch nicht zu übersehen ist. Der Bauherr war Rüdiger von Neuenkirchen. Trotz der relativ schlichten Lehm- und Backsteinfassade zählt der zweigeschossige Bau zu den schönsten und bedeutendsten Herrenhäusern Usedoms. Zu DDR-Zeiten diente es zu Wohn-

und Verwaltungszwecken. In jener Zeit wurde der Bau kaum gepflegt und war somit dem Verfall preisgegeben. Nach der Privatisierung 2001 erfuhr das Schloss umfassende Renovierungsmaßnahmen. Heute beherbergt es ein Hotel mit Restaurant und Café. Die gotische Dorfkirche ist mit einer prachtvollen Renaissancegrabplatte geschmückt. Deren Relief stellt den ehemaligen Schlossherrn und seine Frau dar. Im Inneren befindet sich ein eingemauerter Mahlstein, der Jahr-

Die mittelalterliche Backsteinkirche in Mellenthin

hunderte lang als Weihwasserbecken diente. Die Kirche zählt zu den schönsten und interessantesten der Insel Usedom. Das 1388 erbaute Gotteshaus wurde mit einem frühgotischen Chor, einem spätgotischen Langhaus sowie einem Kreuzrippengewölbe ausgestattet. In ihr befinden sich besonders wertvolle Holzschnitzereien sowie erst um 1930 entdeckte mittelalterliche Freskenmalereien.

Bei der **Mellenthiner Heide** handelt es sich entgegen dem was der Name vermuten lässt, nicht um eine Heidelandschaft, sondern überwiegend um ein Waldgebiet. In der zweiten Hälfte der 1930er Jahre begann man im Ostteil der Heide mit dem Bau des Marine-Munitionsdepots für die Flak-Batterien in Mittelpommern. Das weitläufige Bunkersystem mit zahlreichen Lagerhallen und Unterkünften für Zwangsarbeiter wurde am Ende des Kriegs bombardiert und nach dessen Ende durch die Rote Armee gesprengt. Das Gelände ist heute für die Öffentlichkeit gesperrt. Im Südteil wurde 2004 ein etwa 6 Hektar großes Wisentreservat eingerichtet.

Die Gemeinde Mölschow (ⓘ 038377/39922) liegt auf halber Strecke zwischen Wolgast und Zinnowitz, etwas nördlich der Hauptverkehrsstraße. Die in der zweiten Hälfte des 19. Jahrhunderts erbaute Gutsanlage des Ortes dient seit einigen Jahren als Soziokulturelles Zentrum. Der „Kultur-Hof", wie diese Anlage heute genannt wird, ist Heimstatt traditionellen Handwerks, wie Korbflechten, Töpfern, Seidenmalerei, Filzen, Schnitzen und Spinnen. Zum Hof gehört ebenso ein neu eingerichteter landwirtschaftlicher Erlebnisbereich mit Landmaschinen sowie Haus- und Hofrat aus vergangenen Tagen. Ebenfalls interessant ist das kleine Privatmuseum „Modelbahnausstellung Usedom". Immerhin sind dort 1.450 m Modellgleise verbaut, auf denen 330 Lokomotiven mit 900 Wagen unterwegs sind.

Auffallend wirkt die restaurierte Backsteinkirche in MÖNCHOW, mit ihrem für Usedom einmaligen Fachwerkturm. Im Inneren der im 17. Jahrhundert erbau-

Mönchow – Mausoleum der Familie Dannenfeld

ten Kirche befinden sich wunderbare Deckenmalereien. Das Sakristeigestühl, der Altaraufsatz, die Kanzel und die geschnitzte Christusfigur stammen jedoch aus der Zeit um 1860. Auf dem benachbarten Friedhof befindet sich ein um 1891 errichteter neobarocker Backsteinbau. Dieser dient als Mausoleum für die Familie Dannenfeldt.

Der kleine Ort **Morgenitz** liegt südlich des Krienker Sees. Vor der spätgotischen Dorfkirche befinden sich ein riesiger Findling und eine Sammlung von 23 bronzezeitlichen, steinernen Trogmühlen, sowie Mahlsteine aus frühsla-

Trogmühle in Morgenitz

wischer Zeit. Gleichzeitig lohnt es sich, die eisernen Grabkreuze genauer zu betrachten. Ihre Inschriften geben nicht nur Namen, Geburts- und Sterbedatum preis, sondern auch die Todesursache der hier Bestatteten. Auffällig an der Morgenitzer Kirche ist, dass das ursprünglich im 15. Jahrhundert erbaute und später mehrfach veränderte Bauwerk keinen Glockenturm besitzt. Die Glocken hängen an einem frei stehenden Gerüst neben der Kirche. In dem Kunstkeramikerhof kann der Besucher traditionelle Töpferkunst bestaunen.

Das Naturschutzgebiet **Mümmelkensee** liegt inmitten des beliebten Wandergebietes am Langen Berg. Es ist nur 6 Hektar groß und besteht aus einem Hochmoor mit einem Restsee. Vor allem seltene Pflanzen und Insekten finden hier ihren Lebensraum. Das Waldgebiet am Langen Berg, das an seinen höchsten Punkten die 50-Meter-Marke überschreitet, bricht dann steil zur Küste ab.

N

NEPPERMINS erste urkundliche Erwähnung stammt aus dem Jahr 1254. Der Name ist slawischer Herkunft und bedeutet so viel wie „Ort an stehendem Gewässer". Eine Feuersbrunst zerstörte 1858 große Teile des Ortes, 1872 und 1912 richteten Ostseesturmhochwasser große Schäden an. Im Jahr 1899 wurde zu Ehren von Kaiser Wilhelm II. an der Dorfkreuzung nach Balm eine „Kaisereiche" gepflanzt, die heute noch zu bewundern ist. Zu Beginn des 20. Jahrhunderts besuchte der Maler Lyonel Feininger oft diesen Ort, was sich auch in seinem Werk widerspiegelt. Nördlich von Neppermin liegen in der Balmer See die Inseln Böhmke und Werder, die als Vogelschutzreservate nicht betreten werden dürfen.

Zum 1999 gegründeten **NATURPARK INSEL USEDOM** gehören neben der Insel, der Nordteil des Kleinen Stettiner Haffs, der Peenestrom und das Achterwasser, sowie ein Streifen Festland westlich des

Peenestromes. Er hat eine Größe von insgesamt 720 km^2, wobei davon ungefähr die Hälfte Wasserflächen sind. Im alten Bahnhofsgebäude der Stadt Usedom befindet sich das Naturpark-Informationszentrum Insel Usedom (ⓘ 038372/76313). Hier gibt es nicht nur eine kleine Ausstellung zum Naturschutz, sondern auch Angebote zum Erleben der Natur.

Das Naturparkinformationszentrum befindet sich in alten Bahnhof der Stadt Usedom.

P

Erste Erwähnung findet **Peenemünde** im Jahre 1282. Zeugnis über eine viel frühere Besiedlung gibt jedoch der 1905 von Waldarbeitern gefundene „Peenemünder Goldschatz". Dabei handelt es sich um Goldschmuck, der den Jomswikingern zugeordnet werden kann. Später entdeckte man sogar noch einen ca. 3.500 Jahre alten Armring und einen ca. 1.500 Jahre alten Goldring. Die Originalfundstücke befinden sich im Kulturhistorischen Museum Stralsund, Kopien sind im Wolgaster Stadtgeschichtlichen Museum ausgestellt. Bedingt durch seine Lage an der nordwestlichen Spitze Usedoms, hatte Peenemünde schon frühzeitig eine besondere strategische Bedeutung. Bereits 1630 erfolgte hier die Landung der schwedischen Truppen unter König Gustav II. Adolf. Im Gegensatz zu den benachbarten Küstenorten entwi-ckelte sich Peenemünde nicht zum Badeort, sondern wurde von 1936 bis 1945 zum Standort einer Heeresversuchsanstalt und einer Erprobungsstelle der Luftwaf-

Friedhofskapelle Peenemünde

fe.Im Ort steht eine alte Friedhofskapelle aus dem Jahre 1876, die sich seit ihrer Restaurierung wieder in alter Schönheit zeigt. Im Hafen liegt das einst größte, nicht atomar getriebene U-Boot der Welt vor Anker, welches als Maritimes Museum eingerichtet ist. Ein weiterer Anziehungspunkt für Besucher ist die „Phänomenta". Hier sind Exponate ausgestellt, welche demonstrieren, wie die Gesetzmäßigkeiten von Statik, Wärmelehre und Optik funktionieren. Der größte Teil der Exponate stammt aus den USA.

Zwischen Achterwasser und dem Schmollensee liegt das Dorf **Pudagla**. Der Name slawischen Ursprungs ist von der Lage unterhalb des Glaubensberges (Pudagla = unter dem Berg) abgeleitet. Anfang des 14. Jh. verlegten die Prämonstratenser ihren Sitz von Usedom hierher, von wo sie nun ihren umfangreichen Landbesitz verwalteten. Mit der Reformation dankte der letzte Abt 1535 ab und übergab die Ländereien den pommerschen Herzögen. Das schlichte Schloss von Pudagla wurde 1574 auf dem Klostergelände errichtet. Der zweigeschossige Renaissancebau diente als Witwensitz der Mutter des Herzogs Ernst Ludwig von Pommern-Wolgast. Am Eingangsportal des ehemaligen Herrenhauses befindet sich ein großes, in Kalkstein gehauenes, pommersches Wappen. Von der eigentlichen Klosteranlage ist nichts erhalten.

Pudagla: letzte Bockwindmühle Usedoms

Beliebte Aussichtsberge bei Pudagla sind der Glaubensberg, der mit seinen knapp 39 m Höhe einen Blick über den Schmollensee und das Achterwasser ermöglicht, sowie der 17 m hohe Konker Berg. Von ihm bietet sich ein weiter Blick über das Achterwasser. Aus dem nahe gelegenen flachen Achterwasser ragt ein gewaltiger Findling heraus, es ist der 22 m^3 große Teufelsstein. Östlich der Straße von Pudagla nach Mellenthin befindet sich auf einer Anhöhe die letzte Bockwindmühle Mecklenburg-Vorpommerns. Die 1937 stillgelegte Mühle wurde 1997 wieder instand gesetzt und kann besichtigt werden.

Q

An der Steilküste bei QUILITZ befindet sich einer der schönsten Aussichtspunkte der Halbinsel Lieper Winkel. Von ihm aus bietet sich eine besonders gute Sicht auf den Peenestrom und das gegenüber liegende Ufer mit dem Städtchen Lassan. In der Dorfstraße von Quilitz sind besonders die zwei mit Reet gedeckten Fischerkaten aus dem vorigen Jahrhundert sehenswert.

R

Das idyllisch am Ufer des Peenestroms gelegene Dörfchen RANKWITZ ist ein alter, traditioneller Fischerort. Hier gibt es noch einen kleinen Schifferhafen, sowie eine Forellenzuchtanlage mit einer großen Räucherei. Frischfisch ist daher hier ganz gewiss keine Mangelware und kann erworben bzw.

in den örtlichen Restaurants verzehrt werden. Sehenswert ist der Heimathof Rankwitz, in welchem Leben und Geschichte im Lieper Winkel anschaulich dargestellt werden.

Die Landschaft rund um **Stolpe** ist abgeschieden und nahezu hügellos. Daher eignet sich die Gegend ideal zu erholsamen Touren mit dem Rad oder zu Fuß. Die Kirche zu Stolpe wurde bereits 1218 erstmals urkundlich erwähnt. Ihren heutigen neogotischen Stil erhielt sie

Das Schloss Stolpe ist heute ein kulturelles Zentrum.

erst in der Zeit zwischen 1871 und 1873. Das im südlichen Teil des Ortes gelegene Schloss wurde schon 1267 geschichtlich erwähnt. Es diente einst als Herrensitz der slawischen Adelsfamilie Swerine, die ihren Namen später auf Schwerin eindeutschte. In seinen heutigen Ausmaßen entstand es im 17. Jahrhundert, jedoch wurde es ab 1905 durch Friedrich von Schwerin völlig umgestaltet. Ein kleiner Weiher und der angrenzende Dorfanger ergänzen die Ansicht. Nach der Flucht der Edda von Schwerin 1945 nach Lüneburg diente das Schloss später zu DDR-Zeiten als Kinderferienlager. 1995 übernahm die Gemeinde das Anwesen. Gemeinsam mit dem Schlossverein wird das Schloss als kulturelles Zentrum im Usedomer Achterland betrieben, kann aber auch für private Veranstaltungen genutzt werden. Sehenswert ist das alte Gehöft in der Alten Dorfstraße 27, dessen drei Gebäude im vorigen Jahrhundert erbaut wurden. Sie sind alle mit dem traditionellen Rohrdach gedeckt.

Der an der Steilküste bei Koserow gelegene **Streckelsberg** ist ein beliebter Aussichtspunkt, der einen Blick bis zur Greifwalder Oie hinaus ermöglicht. Ein Gedenkstein unweit des Gipfels erinnert an die gewaltigen Sturmfluten der Jahre 1872 und 1874. Auf der Kuppe des Streckelsberges trifft man auf einen weiteren Zeitzeugen des Peenemünder Raketenbaus. Die Existenz des bei einem Sprengungsversuch umgekippten Betonbunkers wird bald nur noch Geschichte sein, da die Steilküste immer näher an ihn heranrückt. Bei dem etwa vier Kilometer vor der Küste gelegenen Riff am Streckelsberg handelt es sich, der Sage nach, um die Reste der versunkenen, reichen Stadt Vineta. Es wird daher auch das Vinetariff genannt.

Suckows erste Erwähnung stammt von der Urkunde vom 15.3.1270. Wenige hundert Meter nördlich des Ortes befindet sich ein besonders auffallender Baum. Die uralte Sockeleiche wurde be-

Suckows uralte Sockeleiche (2018)

reits in einer Urkunde zum Grenzverlauf der Gemarkung Usedom aus dem Jahre 1298 genannt. Ihren Namen verdankt die Eiche dem sockelförmig erscheinenden, bronzezeitlichen Hügelgrab auf dem sie steht. Der 20 Meter hohe Baum mit 30 Meter breiter Krone erreicht in Brusthöhe den beachtlichen Durchmesser von 5,30 Metern. Die Äste der sich über 20 Meter ausbreitenden Krone ragten bis auf den Boden nieder. Im Juli 1997 brach der Baum leider auseinander – er bleibt aber dennoch sehenswert.

Das sich über insgesamt 44 Inseln erstreckende **Świnoujście/Swinemünde** (ⓘ +48 91/3224999) ist eine bedeutende Hafen- und Transitstadt und zugleich Kurort, sowie Flottenstützpunkt. Sehr frühzeitig begann man hier, die Lage am Meer für Erholungszwecke auszunutzen. Bereits 1824 erfolgte in Swinemünde die Eröffnung der ersten Badesaison und heute zählt die Stadt zu den beliebtesten Badeorten an der polnischen Ostseeküste. Der 3 Kilometer lange Sandstrand ist an vielen Stellen bis zu 70 Meter breit. Die durch Świnoujście verlaufende Świna/Swine trennt die beiden Inseln Usedom und Wollin voneinander, so dass sich die Stadt über beide Inseln erstreckt. Jedoch befinden sich auf dem Wolliner Teil fast ausschließlich der Handels- und Fährhafen, Fischverarbeitungsbetriebe

Die 11 Meter hohe Mühlenbake in Swinemünde

und das daran angeschlossene Industrieviertel. Der Badebetrieb, die Kureinrichtungen und das Stadtzentrum mit seinen vielen schönen Beispielen der Bäderarchitektur und Sehenswürdigkeiten sind auf der Usedomer Seite zu Hause.
Der an der Swinemündung gelegene Leuchtturm wurde 1857–59 erbaut. Er hat die stattliche Höhe von 68 Metern und bleibt damit an der gesamten polnischen Ostseeküste unübertroffen. Ziel vieler Spaziergänger ist die weiße Leuchtbake. Die einer Windmühle ähnelnde Navigationseinrichtung steht auf der westlichen Mole der Hafenausfahrt. Sie ist 11 Meter hoch und wurde 1877 erbaut. Auf Grund der über 185-jährigen Tradition als Badeort existieren im Stadtzentrum noch viele schöne Beispiele der Bäderarchitektur, welche vor allem in den Straßen ul. Juliusza Słowackiego und ul. Stefana Żeromskiego zu sehen sind. Die Ausstellung des Seefahrts- und Fischereimuseums informiert die Besucher über die Stadtgeschichte, Fischereikunde und die

Tierwelt der Ostsee. Bei einem Besuch in Świnoujście sollte man sich auch die beiden Hauptkirchen der Stadt ansehen. Die evangelisch-lutherische Kirche „Christus der König" wurde 1788–1792 erbaut. In der 1895 fertiggestellten katholischen Kirche „Sterne des Meeres" ist das Portal mit interessanten Mosaiken ausgestattet. Von der 1945 zerstörten Lutherkirche ist heute nur noch eine Turmruine zu sehen. Im Stadtgebiet gibt es eine große Anzahl unter Naturschutz stehender Bäume.

T

Das Seebad TRASSENHEIDE (ⓘ 038371/20928) idyllisch zwischen Ostseeufer, Dünenwall und einem Küstenwald gelegen, ist eingebettet in eine unberührte, vielfältige Natur. Der Ort wurde 1782 erstmalig im Kirchbuch von Krummin unter seinem ursprünglichen Namen Hammelstall erwähnt. Die eigentliche Ortsgründung war 1823, als hier eine Fischerkolonie gegründet würde. Da sich der Name seit Beginn der Entwicklung

„Die Welt steht Kopf" in Trassenheide

zum Badeort als werbeunwirksam ergab, erfolgte 1908 die Umbenennung zu Trassenheide. Der Ort zählt zu den ruhigeren Ferienzielen auf Usedom. Seit 2006 darf er den Titel Ostseebad tragen. In der dort ansässigen Dünenwaldklinik werden Rehabilitationspatienten behandelt. Das Seeklima hier wirkt sich besonders gesundheitsfördernd auf die Atmungsorgane und bei Hauterkrankungen aus.

Großer Beliebtheit erfreut sich der unmittelbar im Küstenwald gelegene Campingplatz „Ostseeblick“. Freunde der Freikörperkultur erwartet in Trassenheide ein breiter FKK-Strandabschnitt, welcher bis zum benachbarten Karlshagen reicht. Südlich des UBB-Haltepunktes Trassenheide haben sich in den letzten Jahren etliche Freizeiteinrichtungen angesiedelt. Als erstes wäre hier die Schmetterlingsfarm zu nennen, die als die größte Europas gilt. Auf einer Fläche von 5.000 Quadratmetern lassen sich hier exotische Schmetterlinge, Insekten und tropische Pflanzen bestaunen. „Wild Life Usedom“ führt durch die Tierwelt von 5 Kontinenten. Der Hingucker schlechthin ist „Die Welt steht Kopf“, wo ein Haus tatsächlich auf dem Dach steht und die Einrichtung an der Decke hängt. Im „Usedompark Kinderland“ finden Kinder viel Raum zum Toben und Spielen, sowie viele Attraktionen. Sportliche Erlebnisse kann man bei den „Piraten der Ostsee“ in der Abenteuer-Minigolf-Anlage erleben.

Das Seebad **ÜCKERITZ** (ⓘ 038375/ 2520) war früher ein Fischerdorf am Achterwasser. Davon zeugen noch die gepflegten kleinen Häuser, die größtenteils mit Schilf gedeckt sind. Um 1900 begann sich der Ort, wie andere auf Usedom auch, für den Badebetrieb in Richtung Ostsee zu erweitern. Trotzdem hat der Ort sich bis heute seinen dörflich-idyllischen Charakter bewahrt. Eine Ausdehnung des Badebetriebes an der Ostsee, wie es in anderen Orten der Insel erfolgte, war auf Grund des geschützten Küstenwaldes nicht möglich.

Neben dem Strand an der Ostsee ist an der Achterwasserseite der Bereich der Mole am Sportboothafen ein besonders idyllischer Flecken. Von hier aus bietet sich eine wunderbare Sicht über das

Blick auf das Ostseebad Ückeritz

Achterwasser. Am Ostseestreifen der Gemeinde Ückeritz erstreckt sich hinter den Dünen einer der einst größten Campingplätze Europas. Vor allem Anhänger der Freikörperkultur finden an dem zwei Kilometer langen FKK-Strand ihr Domizil.

Ulrichshorst ist ein Ortsteil Korswandts und im Rahmen der Trockenlegung des Thurbruchs 1774 gegründet worden. Der Name geht auf den Stettiner Domänenrat Ulrich zurück, der vom Preußenkönig Friedrich dem Großen mit der Gründung beauftragt war. Das nur aus einem Straßenzug bestehende Ulrichshorst war nur nördlich der Straße bebaut, südlich befanden sich die Gärten. Wegen seiner gut erhaltenen, alten Häuser steht der Ort unter Denkmalschutz.

Die Stadt **Usedom** (ⓘ 038372/70890) kann auf eine lange Geschichte zurückblicken. Ihre erste geschichtliche Nennung erfolgte 1128, als im Rahmen der Christianisierung Bischof Otto von Bamberg ins Land kam. Im Jahre 1298 wurde Usedom dann bereits das Stadtrecht und das lübische Recht verliehen. Bedingt durch Machtwechsel, kriegerische Überfälle und Stadtbrände sind leider nur wenige der ganz alten Zeugnisse der frühen Vergangenheit der Stadt erhalten geblieben. Die meisten der älteren, erhalten gebliebenen Bauwerke entstanden in der Zeit ab dem 18. und 19. Jahrhundert.

Stadt Usedom: Blick vom Anklamer Tor zur Marienkirche

Die nur rund 1.500 Einwohner zählende Stadt hinterlässt beim Besucher einen ruhigen, eher verträumten Eindruck. Ihre Kopfsteinpflasterstraßen werden zumeist von niedrigen Ackerbürgerhäusern gesäumt. Die Stadt, die der Insel ihren Namen gab, besitzt dennoch mehrere beachtenswerte Bauwerke. Wahrzeichen Usedoms ist das Anklamer Tor, welches einen Rest der ehemaligen Stadtbefestigung darstellt. Von den einstigen drei Stadttoren blieb es als einziges erhalten. Die beiden anderen Stadttore, das Peene- und das Swinetor wurden 1860 bzw. 1863 abgetragen. Das um 1450 erbaute Anklamer Tor beherbergt heute ein kleines Heimatmuseum zur Stadt- und Regionalgeschichte. Nur wenige Schritte von ihm entfernt steht ein durch seinen ungewöhnlichen Treppengiebel auffallender Backsteinbau – die Marienkirche. Diese zwischen 1337 und 1375 errichtete Kirche ist die einzige von ehemals fünf Kirchen in Usedom, die bis heute erhalten geblieben ist. Rund um den benachbarten Marktplatz stehen reizvolle Häuser, deren Haustüren zumeist reich verziert sind. Zu erwähnen sei noch das um 1800 entstandene Rathaus, an dessen Fassade das Stadtwappen Usedoms angebracht ist. Im restaurierten Alten Bahnhof befindet sich neben der Touristinformation das Naturpark-Informationszentrum der Insel Usedom. Auf dem Schlossberg, auch ein sehr schöner Aussichtspunkt, steht ein großes Granitkreuz. Es erinnert an die Christianisierung der slawischen Bevölkerung im Jahre 1128. Von der einstigen Slawenburg und dem später an gleicher Stelle errichteten Schloss als Witwensitz der pommerschen Herzoginnen ist außer dem Namen Schlossberg nichts erhalten geblieben.

Die **Usedomer Bäderbahn (UBB)** wurde 1994 als Tochtergesellschaft der Deutschen Bahn gegründet. Im Juni 1995 übernahm die UBB die Strecken Peenemünde–Zinnowitz und Wolgaster Fähre–Seebad Ahlbeck vollständig von der

Die Usedomer Bäderbahn ist ein beliebtes Transportmittel der Insel

Deutschen Bahn. Im Jahr 1997 konnte die Verlängerung des Streckennetzes bis Ahlbeck Grenze in Betrieb genommen werden. 2000 wurde mit der Fertigstellung der kombinierten Straßen- und Bahnbrücke in Wolgast die ehemalige Stichstrecke von Züssow nach Wolgast Hafen ebenfalls übernommen. Es folgte eine grundlegende Sanierung der Strecken und die Einführung des Taktverkehrs. Im Oktober 2007 begannen die

Bauarbeiten für die weitere Verlängerung über die polnische Grenze hinweg nach Świnoujście Centrum (Swinemünde Zentrum). Die Strecke wurde Ende März 2008 fertiggestellt. Es dauerte noch bis September bis der Streckenabschnitt nach diversen Genehmigungs- und Abnahmeverfahren in Betrieb genommen werden konnte.

Unter dem Begriff **USEDOMER BERNSTEINBÄDER** haben sich im Jahr 2005 die Usedomer Seebäder Zempin, Koserow, Loddin und Ückeritz mit dem Ziel einer gemeinsamen touristischen Vermarktung zusammengetan, die vorher schon als Amt Insel Usedom-Mitte verbunden waren. Namensgebend war der sogenannte Bernsteinstrand, der 12 km lang von der Gemeindegrenze Zempin bis nach Ückeritz reicht.

WARTHE ist ein altes Fischerdörfchen am nordwestlichen Teil der Halbinsel Lieper Winkel. Einige alte

Fischerkaten befinden sich noch heute im Ortsbild. Westlich des Ortes gibt es eine kleine, auffallende, landschaftliche Erhebung – dies ist der nur sieben Meter hohe Kusenberg.

Die südlich der Stadt Usedom gelegene Siedlung WESTKLÜNE besteht nur aus wenigen Häusern. Schaukelnde Fischerboote, Fischernetze und einige Wasservögel prägen das idyllische Ortsbild. Die Wasserrinne, genannt die „Kehle", die den Usedomer See mit dem Oderhaff verbindet, trennt zugleich Westklüne und Ostklüne voneinander. Nur mittels des Fährmannes kann man auf die jeweils andere Uferseite übersetzen.

Jüngster Besuchermagnet ist das täglich geöffnete WISENTGEHEGE Insel Usedom bei Prätenow. Es entstand am südöstlichen Rand der Mellenthiner Heide. Das 6 Hektar große Gehege entstand in enger Zusammenarbeit mit dem benachbarten polnischen Woliński Park Narodowy und

Im Wisentgehege in der Mellenthiner Heide

wurde im Juni 2004 eröffnet. Damit ist das Wisent 640 Jahre nach seiner Ausrottung wieder nach Mecklenburg-Vorpommern zurückgekehrt. Mittlerweile gab es schon mehrmals Nachwuchs, womit ein neuer Zuchtbestand gegründet wurde.

Wolgast (ⓘ 03836/600118) die auf dem Festland gelegene, 12.000 Einwohner zählende Stadt, ist über eine Brücke mit der Insel Usedom verbunden. Auf Grund ihrer Lage wird sie daher auch als das „Tor zur Insel Usedom“ bezeichnet. Die einstige Residenz der Herzöge von Pommern-Wolgast war im 19. Jahrhundert gleichzeitig Hafenstadt für den Umschlag von Getreide. Zeugen dieser Vergangenheit sind die gut erhaltenen Getreidespeicher sowie eine alte Windmühle. Im Mühlensteinpark entlang der Neubauer Straße befindet sich eine Trog- und Mühlsteinausstellung. Der frühere Reichtum der Hansestadt spiegelt sich in ihren Bauwerken, wie den Kaufmannshäusern mit prächtigen Haustüren in der Nähe des Hafens, den Bürgerhäusern in der Lange- und der Burgstraße oder den Fachwerkbauten am Markt wider. Das Gebäude des Stadtmuseums wird wegen seiner eigenwilligen Form auch „Kaffeemühle“ genannt. Das Geburtshaus des 1777 in Wolgast geborenen Malers und Romantikers Philipp Otto Runge in der Kronwiekstraße beherbergt seit 1995 ein dem Lebenswerk des Malers gewidme-

Die Klappbrücke in Wolgast verbindet die Insel mit dem Festland

tes Museum. Vor dem Rathaus, einem 1718–1724 geschaffenen schlichten Barockbau, steht ein außergewöhnlicher Brunnen. Auf seinen Brunnenschalen ist in zehn Bildern die reich bewegte Stadtgeschichte dargestellt. Das höchste Bauwerk der Stadt ist der spätgotische Backsteinbau der dreischiffigen St.-Petri-Kirche. Über 184 Stufen gelangt man zu der 40 Meter hoch gelegenen Aussichtsplattform des Kirchturms. Die am

Alten Friedhof errichtete Gertrudenkapelle ist ein zwölfeckiger, spätgotischer Backsteinzentralbau mit einem Sterngewölbe auf Mittelpfeilern, sowie Zeltdach mit Türmchen. Seit 1996 ist die Insel Usedom durch eine neue Klappbrücke, Norddeutschlands größte Waagebalkenbrücke, mit Wolgast verbunden.

Der **Wolgastsee** ist für Angler und Ruderer ein idyllisches Revier. Hier kann man auch in aller Ruhe baden. Am Ost-

Am Wolgastsee

ufer reicht der See fast bis an die polnische Grenze, die hier einen tiefen Einschnitt beschreibt. Ursache für diese eigenartige Grenzziehung ist das alte Wasserwerk von Swinemünde, das genau in diesem Zipfel liegt und mit der Grenzziehung nach dem 2. Weltkrieg Polen zugeordnet wurde.

Z Der Ort ZECHERIN auf dem südwestlichen Zipfel der Insel Usedom gelegen, wird von flachwelligem Land umgeben. Nördlich von ihm verbindet die am 22.5.1931 eröffnete sogenannte

Die Zecheriner Brücke ist eine der beiden Verbindungen zum Festland

„Bäderbrücke" die Insel Usedom mit dem Festland. Die insgesamt 325 Meter lange Zecheriner Klappbrücke überspannt an dieser Stelle den hier schmalen Peenestrom. Die Länge des klappbaren Teils der Brücke ist 20 Meter und wird fünfmal täglich für max. 15 Minuten geöffnet, damit die über 6 Meter hohen Schiffe passieren können.

Das Seebad **ZEMPIN** (ⓘ 038377/42162) ist das kleinste auf Usedom und gehört zu den ruhigeren Badeorten der Insel. Eine Urkunde aus dem Jahr 1571 belegt das damalige Fischerdorf. In den Jahren 1943–1945 wurden im Waldgebiet zwischen Zinnowitz und Zempin drei Abschusseinrichtungen zur weiteren Erprobung der „V-1" gebaut, von denen heute noch einige Überreste vorhanden sind. Der alte Ortskern des ehemaligen Fischerdorfes wird von weißen, reetgedeckten Häusern geprägt. In dem ehemaligen Schulhaus befindet sich eine Fischereiausstellung, sowie ein Kolonial-

Zempin – Blick zum Achterwasser

warenladen aus dem Jahr 1928, der originalgetreu mit Mobiliar aus dieser Zeit rekonstruiert wurde. Neben dem Ende 2011 neu entstandenen Kurplatz befindet sich der Fischerstrand, wo man den Fischern bei der Arbeit zusehen kann. Der Campingplatz entstand 1956 und seit 1996 hat Zempin die staatliche Anerkennung als Seebad.

Das Ostseebad **Zinnowitz** (ⓘ 038377/ 4920) wurde erstmalig im Jahre 1309 in einer Schenkungsurkunde unter dem slavischen Namen „Tsys" erwähnt. Der Preußenkönig Friedrich II. gründete 1751 die Domäne Zinnowitz, aus welcher Zeit das älteste Haus des Ortes – der Domänenhof – stammt. Das einstige Bauern- und Fischerdorf erhielt 1851 die Erlaubnis, Badegäste zu empfangen. Daraus

Das „Palace-Hotel" in Zinnowitz

entwickelte sich das größte Ostseebad im Nordwesten der Insel. Die neugestaltete Strandpromenade wurde 1993 ihrer Bestimmung übergeben. Am Kopf der 315 Meter langen Seebrücke bietet die Tauchgondel eine Fahrt zum Boden der Ostsee an. Es geht bis 3,5 Meter unter die Meeresoberfläche hinab, womit man sich noch ca. einen Meter über dem Meeresboden befindet. Zu den Besucherattraktionen des Ortes gehören die Meeresschwimmhalle, die Ostseebühne (Stätte der Vinetafestspiele), das Theater „Die Blechbüchse", zwei Galerien, das Usedomer Kunsthaus, ein Heimatmuseum und ein Bade-Museums-Café, sowie die Promenadenhalle mit dem Ostseelift, wo man seinen Kaffee 25 Meter über der Ostsee genießen kann. Seit dem Juni 2011 verfügt das Ostseebad über einen modernen Wasserwanderrastplatz, mit einer Anlegestelle für Rundfahrten.

Die Tauchglocke an der Zinnowitzer Seebrücke war die erste ihrer Art an der Ostsee.

St.-Jacobus-Kirche in Zirchow

Die alte slawische Siedlung **Zirchow** gehörte bis 1468 zum Kloster Stolpe und ging dann mit vielen anderen Orten in den Besitz des Klosters Pudagla über. Doch auch hier setzte die Reformation dem Klosterwesen ein Ende. Über das dann gegründete Domänenamt hatte wieder der Herzog die Herrschaft. Sehenswert ist die im 13. Jh. aus Natursteinen erbaute Kirche. Sie ist wahrscheinlich die älteste erhaltene Kirche der Insel Usedom. In ihrem Inneren sind vor allem die mittelalterliche Wandmalerei und der Glockenstuhl von Bedeutung.

Literatur

* Usedom: Sagen und Geschichten, Demmler Verlag, Schwerin 2005
* Bildband Usedom, Demmler Verlag, Ribnitz-Damgarten 2011
* Bildband Usedom, Wollin, Demmler Verlag, Ribnitz-Damgarten 2013
* Seebad Ahlbeck – die Entwicklung eines Badeortes, RhinoVerlag, Ilmenau 2008
* Seebad Bansin – die Entwicklung eines Badeortes, RhinoVerlag, Ilmenau 2008
* Seebad Heringsdorf – die Entwicklung eines Badeortes, RhinoVerlag, Ilmenau 2008
* Seebad Swinemünde – die Entwicklung eines Badeortes, RhinoVerlag, Ilmenau 2009
* Die Insel Wollin, RhinoVerlag, Ilmenau 2011
* Peenemünde-West, RhinoVerlag, Ilmenau 2013
* Peenemünde-Ost, RhinoVerlag, Ilmenau 2013
* Peenemünde – Die Geschichte der V-Waffen, RhinoVerlag, 2018
* Reiseführer: Usedom, ADAC-Verlag, München 2010
* Urlaubshandbuch: Insel Usedom, Reise Know-How Verlag, Bielefeld 2013
* Reisetaschenbuch: Usedom, DuMont Verlag, Ostfildern 2013
* Reiseführer: Usedom, Karl Baedeker Verlag, Ostfildern 2010

001 Weisheiten von Goethe und Schiller
002 Klassische Küchenkräuter
003 Klassische Heilkräuter
004 Klassische Gewürze
005 *Homöopathische Hausapotheke*
006 Gesundheit aus der Tasse
007 Das Monats- & Feiertagsbüchlein
008 *Großmutters Küchentipps*
009 *Großmutters Haushaltstipps*
010 Klassisches Gemüse und Wildgemüse
011 Klassisches Obst und Wildfrüchte
012 *Mit Bauernregeln durch das Jahr*
013 Kleines Thüringer Bratwurst-Buch
014 Kleines Thüringer Kloßbuch
015 Kleines Skatbuch
016 Luther – Weisheiten & Lebensstationen
017 Cranach – Die Maler der Reformation
018 Klosterweisheiten
019 *Großmutters Gesundheitstipps*

039 *Großvaters Handwerkstipps*
040 Weisheiten für den Gartenfreund
041 Kleines Ringelnatz-Buch
042 Das kleine Waldbeerenbuch
043 Das kleine Hochzeitsbuch
044 T. Müntzer – Stationen seines Lebens und Wirkens
045 Kleine Geschichte der Stadt Erfurt
046 Kleine Geschichte der Stadt Gotha
047 Auf den Spruch geklopft
048 Der Harz von A bis Z
049 Das kleine Strandbuch
050 Ilmenau von A bis Z
051 Futtern *wie bei* Luthern
052 bauhaus
053 Bibelsprüche
054 Das kleine Buch der Wettiner
055 Die Thüringer Landgrafen
056 Kleine Geschichte Thüringens
057 Der Rasende Roland

Komplettes Programm
im Internet: shop.vggh.de

Neuerscheinungen im

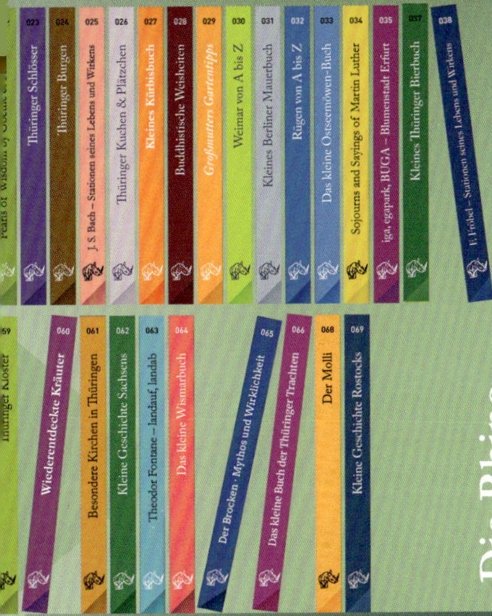

Die Rhino Westentaschen-Bibliothek

023 Thüringer Schlösser
024 Thüringer Burgen
025 J. S. Bach – Stationen seines Lebens und Wirkens
026 Thüringer Kuchen & Plätzchen
027 Kleines Kürbisbuch
028 Buddhistische Weisheiten
029 *Großmutters Gartentipps*
030 Weimar von A bis Z
031 Kleines Berliner Mauerbuch
032 Rügen von A bis Z
033 Das kleine Ostseemöwen-Buch
034 Sojourns and Sayings of Martin Luther
035 iga, egapark, BUGA – Blumenstadt Erfurt
037 Kleines Thüringer Bierbuch
038 F. Fröbel – Stationen seines Lebens und Wirkens

059 Thüringer Kloster
060 Wiederentdeckte Kräuter
061 Besondere Kirchen in Thüringen
062 Kleine Geschichte Sachsens
063 Theodor Fontane – landauf, landab
064 Das kleine Wismarbuch
065 Der Brocken · Mythos und Wirklichkeit
066 Das kleine Buch der Thüringer Trachten
068 Der Molli
069 Kleine Geschichte Rostocks

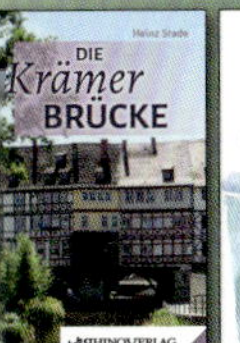

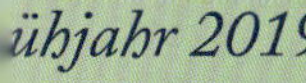
ühjahr 2019

RHINOVERLAG